이 책은
반려동물과 함께
즐거운 생활을 꿈꾸는

_____의 책
입니다.

멍냥연구소

1판 1쇄 발행 2021년 10월 28일
1판 10쇄 발행 2023년 9월 20일

원작 | 비마이펫
만화 구성 | 최진규
발행인 | 심정섭 **편집인** | 최원영
편집 팀장 | 최영미 **편집** | 조문정
표지 및 본문 디자인 | 권빈
출판마케팅 | 홍성현, 김호현
제작 | 이수행, 정수호

발행처 | (주)서울문화사
등록일 | 1988년 2월 16일 **등록번호** | 제 2-484
주소 | 서울특별시 용산구 새창로 221-19(한강로2가)
전화 | 02-791-0754(구입) 02-799-9145(편집) 02-790-5922(팩스)
출력 | 덕일인쇄사 **인쇄처** | 에스엠그린

ISBN 979-11-6438-480-8 (77490)

©BEMYPET
※파본은 구입처에서 교환해 주시기 바랍니다.

온 세상 반려가족 필수 반려동물 교양만화

멍냥연구소 ①

캐릭터 소개

리리

애교 많은 주인바라기 강아지예요.
주인이와 산책할 때 가장 행복해요.

- 좋아하는 것 : 주인이, 간식
- 싫어하는 것 : 벌레

삼색이

집사에게 툴툴거리지만 사실 집사를
사랑하는 겉바속촉 고양이에요.

- 좋아하는 것 : 엄마, 츄르
- 싫어하는 것 : 오이

우주인
아직은 부족하지만 삼색이와 리리를 사랑하고, 최선을 다하는 보호자예요.

엄마
세상에서 가장 따뜻한 우리 엄마예요.

아빠
세상에서 가장 멋진 우리 아빠예요.

차례

1장 강아지 연구소

♥ 1화 강아지가 나를 졸졸 따라다니는 이유 · 8

♥ 2화 강아지가 나를 좋아할 때 보이는 행동 · 30

♥ 3화 강아지가 놀고 싶을 때 보이는 행동 · 48

♥ 4화 이건 무슨 의미일까?
－강아지의 행동 언어－ · 74

와글와글 동물학교 ① 우리나라 토종견 백과 · 92

2장 고양이 연구소

♥ 5화 아기 고양이 키우는 방법 · 96

♥ 6화 고양이를 올바르게 안는 방법 · 116

♥ 7화 고양이를 키우면 안 되는 사람 특징 · 136

♥ 8화 냥이 MBTI -고양이 성격 알기- · 158

와글와글 동물학교 2 강아지와 고양이가 함께 지내려면? · 180

와글와글 동물학교 3 우리나라 천연기념물 동물 6종 · 182

1화
강아지가 나를 졸졸 따라다니는 이유

보호자를 따라다니며 에너지를 쓰기도 합니다.

만약 장난감을 줬을 때 따라다니는 걸 멈춘다면

운동량이 부족했다는 뜻일 수 있습니다.

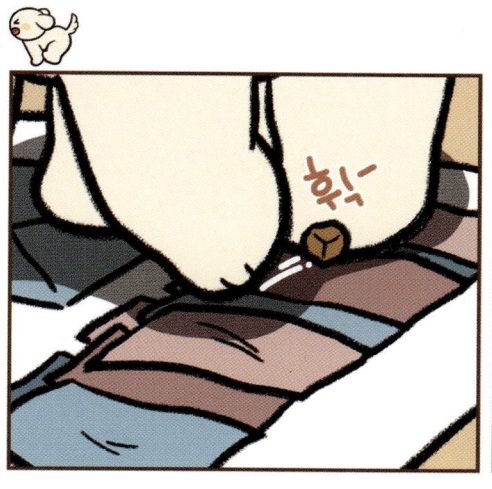

 **분리불안:** 반려동물이 보호자와 떨어질 때 과도하게 불안해하는 증상이에요.

2화
강아지가 나를 좋아할 때 보이는 행동

강아지가 많은 사람에게 사랑받고 있는 이유는

엄청난 친화력 때문이라고 볼 수 있습니다.

아빠 왔다.

강아지가 나를 사랑한다는 신호

신호 1
함께라 두렵지 않아!

강아지와 보호자의 유대감이 높은 경우

강아지는 보호자와 같은 공간에 있는 것만으로 마음이 편해집니다.

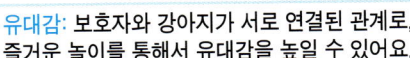

유대감: 보호자와 강아지가 서로 연결된 관계로, 즐거운 놀이를 통해서 유대감을 높일 수 있어요.

이때 여러 물건 중 특히 신발을 좋아하는 건

시큼한 냄새를 좋아하는 성향 때문입니다.

그렇기 때문에 강아지가 실내화나 옷가지 위에서

행복한 표정으로 자고 있다면 혼내지 않도록 합시다.

강아지가 보호자에게 기대기, 스치기, 핥기와 같은 행동을 하고

보호자가 쓰다듬어 주는 것을 좋아한다면

이는 보호자와의 유대감이 매우 높다는 의미입니다.

3화
강아지가 놀고 싶을 때 보이는 행동

보통 강아지는 보호자와 노는 걸 좋아합니다.

리리?

뭘 하는 걸까?

리리가 심심했나 봐.

내가 놀아 줘야겠다~

강아지가 눈을 크게 뜨는 데에는 여러 가지 의미가 있습니다.

먼저 눈을 크고 둥그렇게 뜬다면 놀자는 의미일 수 있는데

이때는 자신감에 찬 듯 꼬리를 올린 채 흔들거나

앙증맞은 표정으로 헥헥거리며 보호자를 쳐다봅니다.

행동 2
앞발을 얹는다

쭈인, 그럼 이제 놀자멍!

강아지는 놀고 싶을 때 애교를 부리기도 합니다.

특히 앞발을 얹거나 툭툭 치는 애교는 놀아 달라는 표현으로

우웅? 웅?

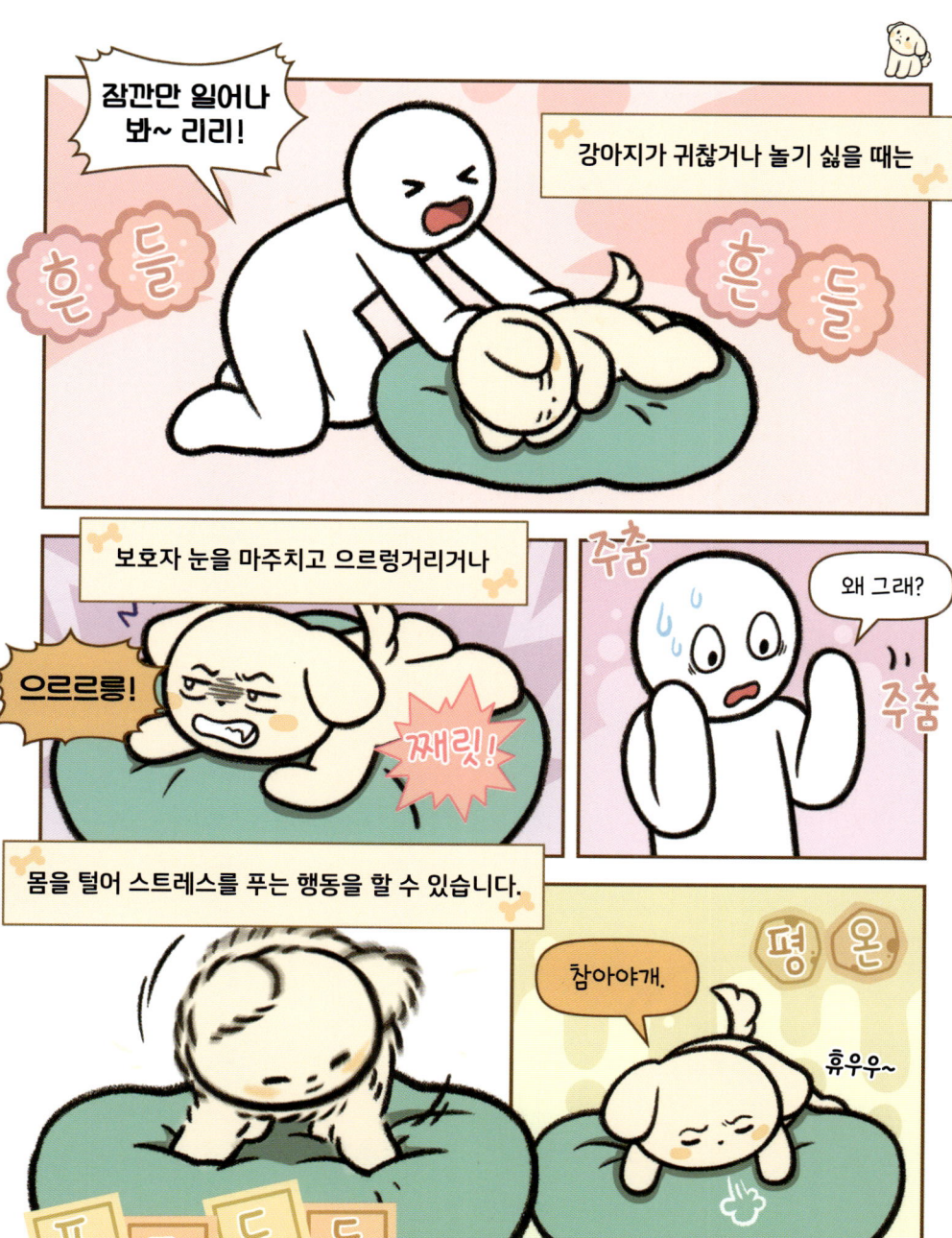

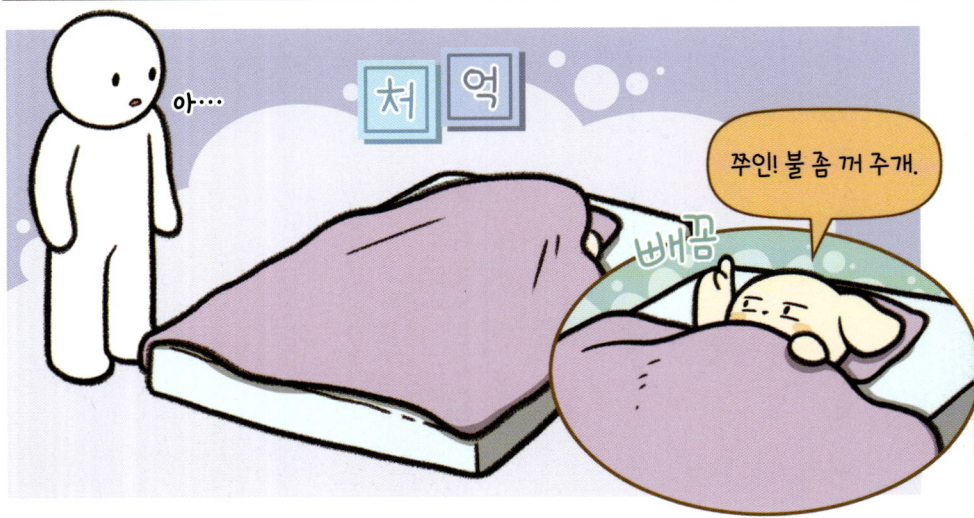

4화
이건 무슨 의미일까?
-강아지의 행동 언어-

흔히 강아지는 보호자 바라기라고 불릴 만큼

보호자를 따르고 사랑하지만

강아지의 행동을 잘못 해석해 미움받을 때도 있습니다.

행동으로 보는 강아지 기분

행동 1
귀 모양으로 알 수 있는 기분

강아지가 편안함, 안정감을 느낄 때에는

귀를 자연스럽게 둔 채 혀를 내밉니다.

귀를 쫑긋 세우거나 뒤로 넘기고 입을 벌린다면

기분이 좋고 행복하다는 뜻이지만

귀를 세운 상태에서 몸을 앞으로 빼고 꼬리를 세우거나

귀가 앞뒤로 왔다 갔다 움직이는 것은

낯선 상황에 대한 걱정, 혼란을 나타냅니다.

또 귀를 뒤로 넘기고 이빨을 드러내거나

몸을 웅크린다면 두렵다는 뜻일 수 있는데

이때 코에 주름이 생긴다면 심한 공포를 느끼는 것이니 더 이상 자극을 주지 않도록 해야 합니다.

이때 강아지가 눈을 깜박인다면

싸우자거나 경계하는 것이 아닌

보호자에 대한 사랑을 표현하고 있는 것입니다.

*푸들, 차우차우, 불독 등

단, 속눈썹에 눈을 자주 찔리는 아이들은

눈이 찔려 깜박이는 것일 수도 있으니 확인해 줘야 합니다.

우리나라 토종견 백과

우리나라 토종견은 일제 강점기 시절 방한용 옷과 신발을 제작하기 위해 약 30~50만 마리가 도살당했다고 해요. 이 때문에 진도의 진돗개, 경산의 삽살개, 북한의 풍산개, 경주의 동경이만 남게 되었어요. 지금부터 우리나라 토종견에 대해 알아보아요.

❶ 진돗개

대표적인 국견, 진돗개는 전라남도 진도 출신으로 역삼각형 머리와 곧게 선 귀가 특징이에요. 충성심이 강하고 영리해서 귀소 본능도 매우 뛰어나고 사냥 능력 또한 우수하지요. 견종 특성상 활동량이 높아 진돗개를 반려견으로 기른다면 산책과 놀이를 자주 시켜 줘야 해요.

· 털색에 따른 진돗개 이름 ·

네눈박이   흑구   백구   황구   재구   호구

❷ 풍산개

함경남도 풍산군 출신인 풍산개는 오래전부터 길러 오던 북한의 대표 견종이에요. 개마고원 근처에서 자라 질병과 추위에 강하고 튼튼하지요. 진돗개와 생김새는 비슷하지만 덩치가 더 커요. 풍산개는 시베리아 호랑이 사냥개로 활동했을 만큼 뛰어난 사냥 실력을 가졌답니다.

❸ 삽살개

경북 하양 출신인 삽살개는 신선개, 귀신 잡는 개, 하늘개라고도 불려요. 풍성하고 복슬복슬한 털을 가졌으며, 털색도 다양해요. 삽살개는 집과 가족을 보호하고자 하는 습성이 강해 보호자에게는 다정하지만 낯선 사람에게는 경계심이 무척 많아요.

❹ 동경이

경북 경주 출신인 동경이는 댕견이라고도 하는데 '꼬리가 없는 강아지'라는 뜻이래요. 생김새도 이름처럼 짧은 꼬리가 특징이지요. 동경이는 낯선 사람이 와도 꼬리를 흔들며 좋아할 정도로 성격이 좋고 온순하며 사람과의 친화력도 뛰어나답니다.

5화
아기 고양이 키우는 방법

아기 고양이는 어른 고양이보다 신경 써야 할 게 많습니다.

저벅 저벅

야옹~ 야옹~
냥!
어랏?

무슨 소리지?
두리번 두리번

아기 고양이를 키우기 위한 준비

준비 1 준비물

아기 고양이가 생후 몇 주인지에 따라 준비물이 다릅니다.

만약 생후 1개월 이하의 아기 고양이라면

아기 고양이는 뭐가 필요해?

수유를 위한 고양이용 우유(또는 분유)와 젖병(또는 주사기), 배변 패드, 온도 유지를 위한 쿠션이나 담요

우유 젖병 배변 패드 담요

몸무게를 재기 위한 저울, 이동장이 필요합니다.

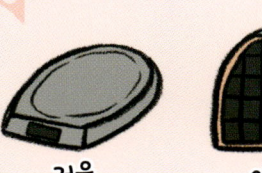

저울 이동장

그리고 고양이가 좀 더 자라면 어린 고양이용 사료나 간식, 화장실 같은 생활용품과

스크래쳐, 캣 타워 같은 장난감을 추가적으로 준비해야 합니다.

안녕~ 10000 휠~ 휠~

하..하하

괜… 괜찮아….

잔고… 0원?

 스크래쳐: 고양이가 발톱을 긁어낼 수 있는 기구예요.
캣 타워: 고양이가 놀 수 있도록 탑처럼 높게 만든 구조물이에요.

아기 고양이를 입양했다면 가능한 한 빨리 동물병원을 가야 합니다.

기본적인 신체검사를 통해 건강 상태를 확인하고

어? 왜 굵지?

내/외부 기생충이나 피부병은 없는지

어디 보자….

아픈 곳은 없는지 살펴봐야 합니다.

만약 기생충이나 링웜 같은 피부병이 있는 경우에는

사람이나 함께 사는 반려동물에게 전염될 수 있기 때문에

병원에서 치료를 받기 전까지 반드시 격리시키고

수의사의 지시에 따라 예방 접종 및 건강 관리를 시작해야 합니다.

링웜: 흔히 나타날 수 있는 곰팡이 피부병으로 대표적인 증상은 원형 탈모예요.

아기 고양이는 어른 고양이에 비해 당 저장 능력이 떨어지기 때문에

수유 시간 간격이 벌어지면 저혈당 쇼크가 올 수 있으니 주의합시다.

6화
고양이를 올바르게 안는 방법

집사에게 안기는 걸 싫어하는 고양이들이 있습니다.

엄마 고양이가 아기 고양이를 옮길 때 목덜미를 잡기도 합니다.

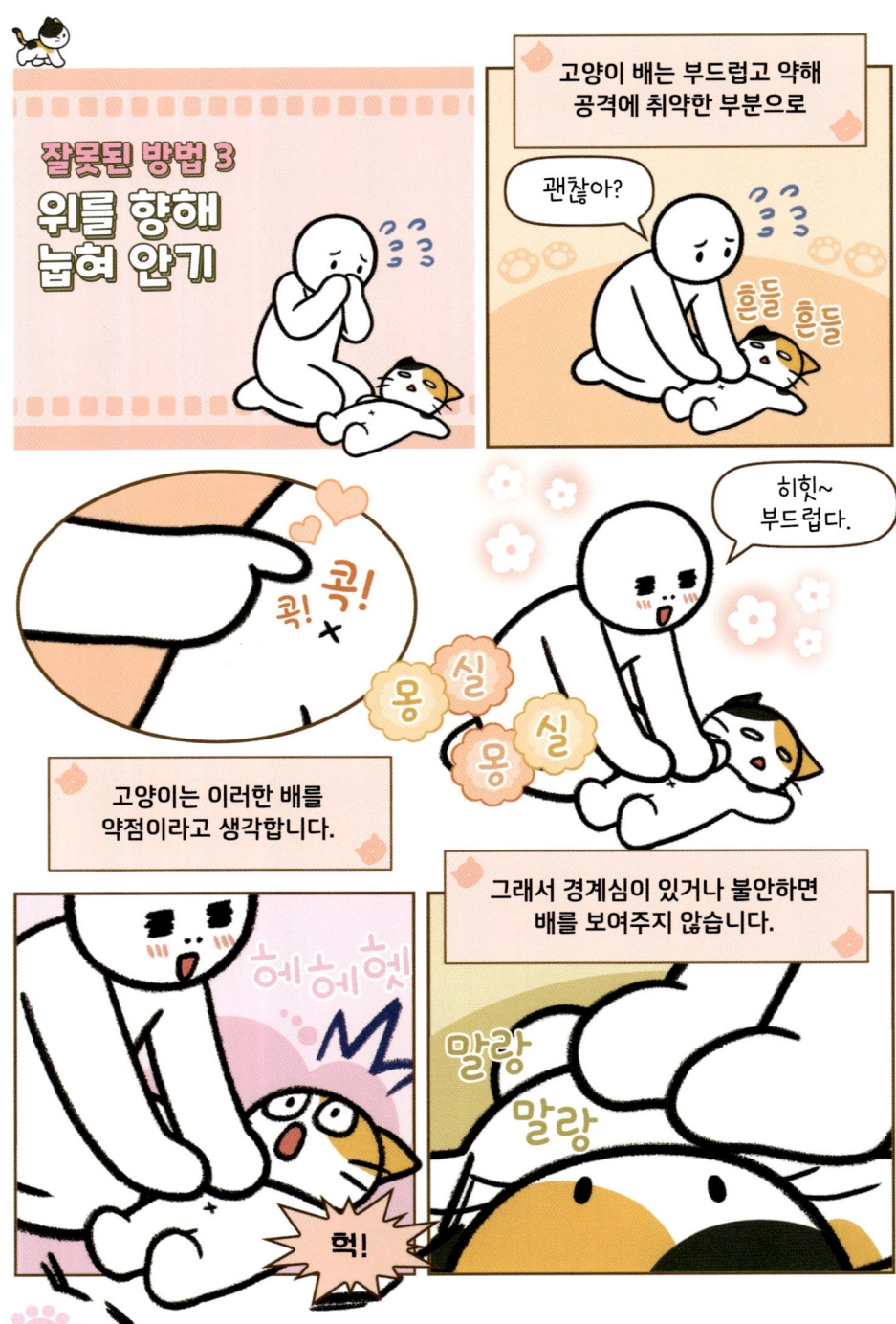

고양이가 거부하지 않고 가만히 있는다면

꾸준히 연습해 포옹에 익숙해질 수 있도록 도와줍시다.

이때 고양이가 꼬리를 빨리 흔들거나 물며 싫어할 수 있습니다.

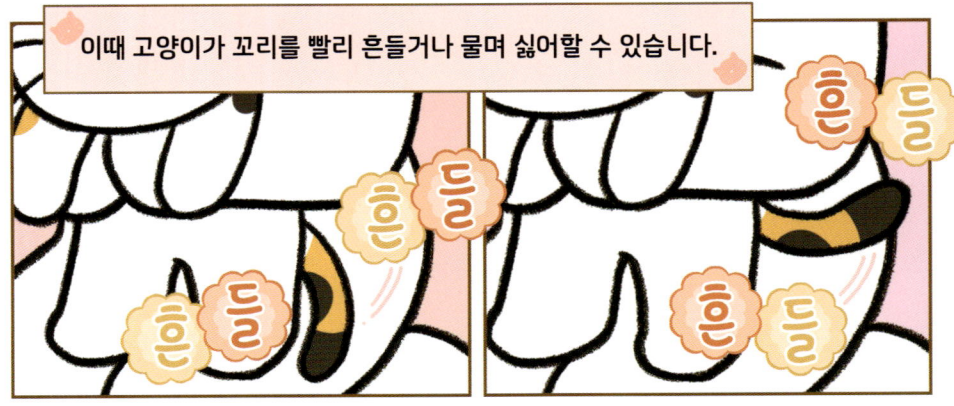

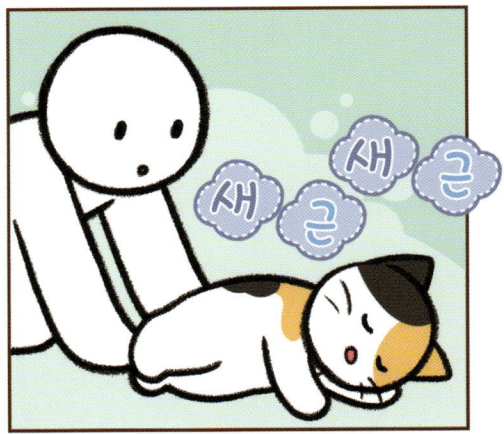

3단계
편한 자세 만들어 주기

고양이가 편안한 자세를 만들어 주는 단계입니다.

집사에게 안길 때, 고양이마다 좋아하는 자세가 다릅니다.

조심, 조심~.

뭐 하냥?

가슴 쪽으로 감싸 안는 걸 좋아하는 고양이도 있고

얼굴을 마주 보며 안는 걸 좋아하는 고양이도 있습니다.

고양이를 키우면 안 되는 사람 특징

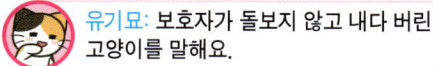

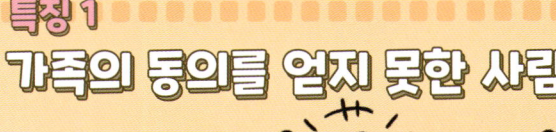

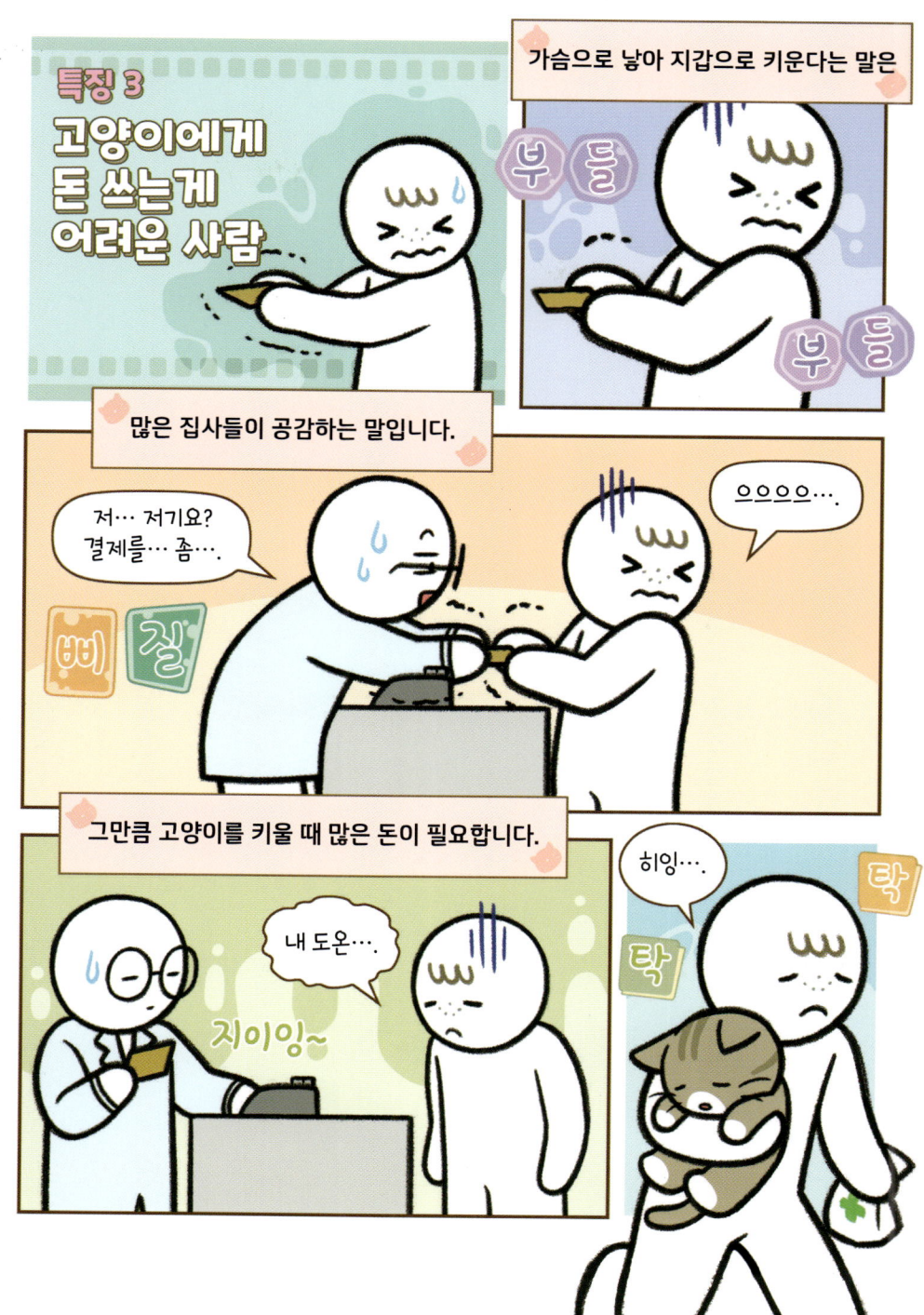

냥이 MBTI
-고양이 성격 알기-

사람들이 MBTI로 성격 유형을 나누는 것처럼

고양이 성격 유형

유형 1
난 사람이다냥

유난히 사람들과 어울리는 걸 좋아하고

사람의 손길을 즐기는 고양이가 있습니다.

꾹꾹이: 고양이가 보호자에게 할 수 있는 최고의 애정 표현으로 "널 사랑해."라는 의미예요.

강아지와 고양이가 함께 지내려면?

강아지와 고양이의 성격은 매우 달라요. 고양이는 야생에서 단독 생활을 하기 때문에 독립심이 강해요. 그래서 혼자 있는 시간이 필요한 반면에 강아지는 무리 생활을 하기 때문에 가족과 함께 있는 걸 좋아하지요. 강아지와 고양이를 함께 기르려면 이런 차이를 알고 있어야 해요.

❶ 합사 순서 고려하기

강아지는 비교적 쉽게 새로운 가족을 받아들이기 때문에 강아지가 첫째인 경우 합사가 더 수월해요. 그러나 고양이는 자신의 영역에 새로운 가족이 생기면 심하게 불안해하고 질투를 느낄 수 있어요.

❷ 각자 공간 만들어 주기

처음에는 강아지와 고양이를 분리시키고, 냄새부터 시작해 조금씩 만나는 시간을 늘려 주세요. 그럼 2~3주 정도 후에는 서로 익숙해질 거예요. 합사 후에도 강아지는 켄넬(이동장), 고양이는 캣 타워로 각자의 공간을 확보해 스트레스를 방지해야 한답니다.

❸ 첫째를 더 배려하기

종에 관계없이 둘째를 데려온 후에도 첫째를 더 배려해야 해요. 첫째에게 관심을 덜 준다면 자신이 가족에게 버림받았다고 인식할 수 있어요. 또 심한 질투로 둘째를 받아들이지 못할 수도 있으니 밥을 먹거나 놀 때는 첫째를 먼저 챙겨 주세요.

❹ 스트레스 해소해 주기

합사 스트레스가 심해지면 강아지, 고양이가 싸우면서 다칠 수 있어요. 그러므로 서로 싸우는 일이 없도록 보호자가 함께 놀아 주며 스트레스를 풀어 주는 게 중요해요. 고양이의 경우 실내에서 사냥 놀이를 하고 강아지는 산책 같은 야외 활동을 해 주세요.

❺ 밥은 따로 주기

대부분의 고양이는 사료를 여러 번에 나누어 먹지만 강아지는 그렇지 않아요. 만약 밥을 먹는 공간, 시간을 분리하지 않으면 강아지가 남은 고양이 사료를 먹어 치우거나 고양이와 강아지가 사료를 바꿔 먹게 되어 건강에 나쁜 영향이 생길 수 있어요.

우리나라 천연기념물 동물 6종

❶ 수달(유라시아 수달)

수달은 하천 오염과 사냥으로 인해 멸종 위기에 처해 있으며 천연기념물 제330호로 지정되어 보호받고 있어요. 귀여운 외모와는 달리 사나운 편으로 특히 유라시아 수달은 사회성이 없다고 해요.

❷ 하늘다람쥐

하늘다람쥐는 팔과 다리 사이의 얇은 막을 사용해 최대 30m까지 날 수 있는 설치류(쥐과) 동물이에요. 외래종은 반려동물로 키우기도 하지만, 국내 서식 종은 천연기념물 제328호로 지정되어 보호받고 있어요.

❸ 제주흑돼지

제주흑돼지는 최근 개체 수가 크게 줄어들면서 2015년에 천연기념물 제550호로 지정되었어요.
우리 주변에서 쉽게 볼 수 있는 흑돼지고기는 식용으로 판매하기 위해 축산진흥원에서 분양 및 개량한 종이지요.

❹ 원앙

원앙은 세계적으로 2~3만 마리밖에 남지 않은 천연기념물 제327호 동물이에요. 원앙은 금슬 좋은 부부를 상징하는데, 사실 수컷 원앙은 매 번식기마다 다른 암컷과 짝짓기 한대요. 금슬이 좋아 보이는 것은 수컷이 암컷을 뺏기지 않으려고 붙어 있기 때문이지요.

❺ 점박이물범

천연기념물 제331호로 지정된 점박이물범은 짧은 앞다리, 동글동글한 얼굴과 점박이 무늬가 특징인데, 태어날 때는 무늬 대신 하얀 솜털을 가지고 태어나요. 체온 조절, 체력 회복을 위해 육지에서 휴식을 취하기도 한답니다.

❻ 반달가슴곰

천연기념물 제329호 반달가슴곰은 국내에 서식하는 가장 큰 동물로, 단군 신화의 주인공이에요. 현재는 약 10~20마리 정도만 남아 있다고 알려져 있어요. 반달가슴곰은 도토리를 가장 즐겨 먹는다고 해요.

뚜식이

특별판 공포판 감동판

"꼭 다시 만나자."

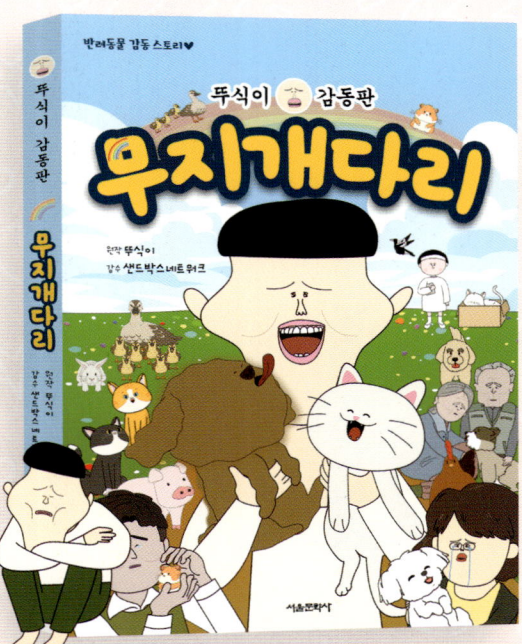

뚜식이 특별판

뚜식이 공포판

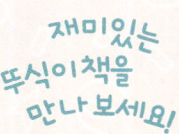
재미있는 뚜식이책을 만나 보세요!

뚜식이, 뚜순이도 놀란 공포 코믹 반전 스토리

ⓒ뚜식이, ⓒSANDBOX NETWORK. 구입문의 02-791-0708 (출판마케팅)